고추 따는 날

고추 따는 날

발행일	2025년 9월 12일
지은이	황소제
펴낸이	손형국
펴낸곳	(주)북랩
출판등록	2004. 12. 1(제2012-000051호)
주소	서울특별시 금천구 가산디지털 1로 168, 우림라이온스밸리 B동 B111호, B113~115호
홈페이지	www.book.co.kr
전화번호	(02)2026-5777　　　　　팩스　(02)3159-9637
ISBN	979-11-7224-833-8 03810 (종이책)　　979-11-7224-834-5 05810 (전자책)

잘못된 책은 구입한 곳에서 교환해드립니다.
이 책은 저작권법에 따라 보호받는 저작물이므로 무단 전재와 복제를 금합니다.
이 책은 (주)북랩이 보유한 리코 장비로 인쇄되었습니다.

작가 연락처 문의 ▶ ask.book.co.kr
전용 게시판에 문의를 남기시면 저자에게 직접 전달됩니다.

(주)북랩 성공출판의 파트너
북랩 홈페이지와 SNS에서 다양한 출판 솔루션을 만나 보세요!
홈페이지 book.co.kr　•　**블로그** blog.naver.com/essaybook　•　**출판문의** text@book.co.kr
카톡채널 북랩

황소제
시집

고추 따는 날

목차

1부 / 삶의 기억과 가족 이야기

고추 따는 날 _ 8
치자 꽃 _ 10
친구 되는 것은 _ 12
이슬 _ 13
백자 _ 14
바자회 _ 16
흡연구역 _ 17
옷 사는 날 _ 18
입동 무렵에 _ 20
감국차 _ 22
순간의 조심 _ 23
콩밥 _ 24

별똥별 _ 26
부부 _ 28
코스모스 꽃길 _ 29
겹동백 _ 30
만두 빚기 _ 32
나팔꽃 _ 34
감자 찌개 _ 36
개량한복 _ 38
쌈 _ 39
새해맞이 _ 40
산 _ 42
배 _ 43

2부 / 자연과 계절의 노래

미시령 _ 46
산딸나무 _ 48
포도를 먹으며 _ 50
바람의 빛 _ 52
이팝나무 _ 54
억새밭 _ 55
달빛 _ 56
장맛비 _ 58

별빛이 되어 _ 59
부모님 생각 _ 60
아 대한민국 _ 61
새야 너는 _ 62
그리운 길 _ 64
안양천 풍경 _ 66
할머니의 소망 _ 68
새벽 기도 _ 70

하루 여행 _ 71
편지 쓰기 _ 72
옹달샘 _ 74
첫차 풍경 _ 75
우리 집 _ 76
부침개 _ 78
바이러스 _ 79

나의 그림자 _ 80
안개 속에서 _ 82
잡초 이야기 _ 84
미로 _ 86
삶 _ 87
오늘 _ 88
더운 날 _ 89

3부 / 일상의 풍경과 성찰

어깨 몸살 _ 92
커피 _ 94
철야 근무 _ 95
엄마의 무덤 _ 96
빈 의자 _ 98
황사 _ 99
벚꽃 계절에 _ 100
안개꽃 _ 102
푸른 꽃 _ 103
고목에 핀 꽃 _ 104
산나리 _ 105
풀꽃 _ 106
냉이꽃 _ 107
꽃길에서 _ 108
오월의 기도 _ 110

잎새 꽃 _ 112
꽃그늘 _ 113
뚱딴지 꽃 _ 114
쑥 _ 116
봄꽃 _ 118
훨훨 _ 120
무정한 봄 _ 122
싸리꽃 지는 날 _ 123
봄꽃 속에서 _ 124
유홍초 _ 125
초승달 _ 126
목구멍이 포도청 _ 127
친정집 _ 128
유리창 _ 130
물방울이 똑똑 _ 131

4부 / 사람과 관계, 그리움

돌부처 _ 134
너와 나 _ 135
제삿날 _ 136
하룻길 _ 137
메아리의 여운 _ 138
오카리나 연주 _ 140
별밤 _ 141
어둠 _ 142
노부부 _ 143
강가에서 _ 144

약속 _ 146
친구 _ 147
포장마차 _ 148
매미 울음 _ 150
대추 따는 날 _ 152
가을밤 _ 154
만추의 저녁 _ 156
단풍 지는 날 _ 158
구월을 맞으며 _ 159
낙엽 _ 160

5부 / 계절의 끝과 새로운 시작

가을비 _ 162
가을 _ 164
겨울 국화 _ 165
흑서의 기억 _ 166
가을편지 _ 168
염색 _ 170

호박 _ 171
갈대 _ 172
금목서 _ 174
시월의 마지막 밤 _ 175
이삭 _ 176

1부

삶의 기억과 가족 이야기

고추 따는 날

한여름 고추밭에서 고추를 딴다
뿔이 난다
중학교 넣어 달랬지
누가 고추밭에 넣어 달랬나

따도 따도 빨갛고
따도 따도 한밭이고
가까운 태양이 몸을 달군다

어느 날 엄마가 다리 뻗고 앉아서
눈물을 흘렸다
모종값 품값 거름값은 어떻게 하나
탄식을 하셨다

탄저병에 걸렸단다
고추를 안 따서 좋은데

엄마 우는 것은 싫었다
나도 같이 따라 울었다

지금은 어미가 나를 따라 운다
못난 딸 하나 있는 것 안타까워서
가끔 눈물을 글썽이며
돌아보신다

치자 꽃

칠팔월 더위에
세상은 타들어 가도
반 틈의 하늘과 반 틈의 그늘이
적당한 제 집인 듯

유백색과 진초록에
빛이 나는 꽃 치자
진한 향기로
작은 공간이 새로워지네

우아한 겹꽃이 나를 바라보며
꽃 같은 길은 아니지만
초록의 길을 잘 가고 있다고
고르게 흩어진 가지도
잘 감싸주어

겨울까지 긴 꿈을 꾸어
제철마다 새롭게 거듭나자고
커피 향과 같이 어우러지는
나즈막한 꽃치자
내 눈높이에 꼭 들어차네

친구 되는 것은

친구 되는 것은
가까이서 나지막이

마음 모으고
키 맞춰 바라보는 것

섬김과 나눔으로
아우르는 것

낮은 발 돋은 발로
살피는 것

모난 곳을 정으로 쪼아내어
피 나고 아파야 되는 일이지

이슬

아슬하게 매달려 있지만
안락한 자리

어느 곳에도 없는
순면으로

행복스럽게 뜬 눈이
맑디맑아

한 방울 굴려 받아
가슴에 넣어 간다

백자

어디에서 생겨나서
어디에 있다가
여기에 온 거니

짧은 다리 접고
잘 보이는 자리에
우아하게 앉아서

마음속에 담고 있는
이야기가 궁금해
자꾸 눈 돌려 보지만
제 이야기는 너무 소중해
쉽게 꺼낼 수가 없다며
수백 년의 흐름을 담고
배만 볼록이

같이 걸어

다정히 말하고 싶은데

침묵하는 역사를

천년이나 가지고 간다고

정면에 가만히 정좌하고 있다

바자회

나 안 쓰는 것 내놓고
나 필요한 것 구입하네

무료에 가까운
유료로 구입하고
좋아하고 기뻐하고

더 만지고
더 구경하고

간단하고 맛있는
먹거리와 곁들여
더 기분 좋은
바자회

작은 횡재가
손가방에서 들썩거리네

흡연구역

담배 그게
무얼 그리 맛있다고

추우나 더우나
무리로 모여서 뿜어대는 연기
지독한 냄새가 코를 찌른다

못 끊어내고
허공에 날려 버리는
아까운 물질

물끄러미 바라보며
청소 아줌마 궁시렁거린다

왕골초 아들과 사위야
너희를 어찌 할 거나

옷 사는 날

정갈하고 예쁜 모습으로
맨몸을 가려주던 옷들이
오그라든 몸에는 부담스러워
수거함에 넣는다

갖가지 옷들이 넘치는 매장에서
적당한 한몫을 고른다
내 품성에 구입은 절제이고
폐기는 용기이니
뱃심 없는 지출이지만
장바구니 하나 들고 시장을 누빈다

첫눈은 내렸고
김장도 막바지의 계절이다
열심히 챙겨놓은 작은 미래가
살림 한쪽을 가볍게 들고 있기에
가로수 밑으로 가득 찬 사람들

어깨 위의 날개들이 너울너울
춥지 않은 겨울로 가는 중이다

입동 무렵에

샛푸른 하늘 아래
빨간 낙엽이 휘날리고 있어요
그리운 이 밤길을 더듬어 도는지
길마다 낙엽이 누워 있어요
손잡은 온기가 식지 않은 길에서
아쉽게 떠도는 갈잎은

바람벽에 기대어
조용히 무서리를 기다리고
가을꽃도 스스로
떠날 채비를 하네요

많은 추억을 안겨주는 계절
묵은 옷이 몸살을 일으킵니다
가벼운 패딩 하나 사서
따스한 겨울나기를 합니다
연습이 필요한 때이지요

입동 무렵의 절기가

아주 적당한 날씨네요

겨울도 그렇게 지나간답니다

감국차

야생 감국차
노란빛이 곱네

늦가을 궂은비가 낙엽을 쓸어갈 때

손안의 따스함이
쓸쓸함을 재우네

글 한 줄의 여백도 채워지려나
눈이 말갛네

순간의 조심

겨울이야
보온 옷 한 겹 더 챙겨야 되겠어

지난번엔 혹서로 죽었다 살았지
이번엔 혹한이 올지도 몰라

우리 집은 관악산 아래 언덕바지
위험한 발길도 간혹 있었어

순간으로 조심 빈 땅 딛고 살살
내 길은 내가 가는 거야

콩밥

부지런한 농부
논두렁콩 가꾸어 내게 보냈네

내려질 듯한 비탈에도
튼실하게 자라서
야무진 낱알로 주인손에 담겼으니

성미 부리고 미리
튀어 나간 놈은
들새들의 양식이 되겠지

바쁜 손길에
늦게 거둔 두렁콩이
별다르게 맛있네
부른 배 내밀고 티비 보는 부부

말 없음으로 무탈한 즈음

농부님도 평온하길

먼 길에서 바라네

별똥별

밤하늘은
사람들의 꿈으로 가득 차 있지
별똥별 하나가
황급히 먼 곳으로 사라져

누구에게 줄 귀한 선물인가
기도하는 어느 손길이
따스해지겠네

깊은 별밤
꼬리별의 흔적은 어디에도 없지만
오래도록 놓지 못하는 꿈 하나

까치발 힘껏 돋아
환한 막대기별을 기다리는데
어둠 사위가 밝도록

별똥별은 흐르지 않는다
다시 기다린다
먼 곳의 꿈

부부

너와 나는 한 몸

많은 일 있어도
한마음

하루 사랑의 힘이
한 세월의 연인 되네

코스모스 꽃길

색색의 코스모스가
활짝 피어 웃는 길

손잡고 가는 맘 예뻐서
햇살도 환하게 웃어주네

부드럽게 스며드는
가을 향기 따라서

피어나는 얼굴들
거울에 새겨두고

그 꽃만 같았으면
그 얼굴만 닮았으면

겹동백

누가
그리도 곱게 빚어
이 겨울을 따숩게 하는가

터질듯한 가슴
안으로 조여
더 짙을 수 없는 원색으로

겹겹이 포개지어
피로 붉어서
추움 속에 처연히 빛난다

겸손의 목례로
나직히 뉘어지면
즈려밟고 지나가서

겹겹이 쌓여진 인생의 상처도
가만히 덜어내며
지나갈 수 있기를

수만 송이 깃들어
벅찬 한 그루
양쪽으로 줄지어 빨간 한마을

홑이
겹이
다 같이 어울린

만두 빚기

춥지 않은 설
솜코트가 남아돈다고 세일하는 때

그리 예쁘지도 않고
사랑스럽지도 않고
재양스럽지도 않은
영감과 더불어 만두를 빚는다

갖은 재료에
맛있게 버무린 양념이
모양을 갖추어 익어가고

구수한 냄새로 집안이 채워지면
친정을 찾은 식구들로
집안은 번잡해진다
손주들은 뛰놀고 사위들은 편히 쉬고
장모는 힘들어도 즐겁고

값진 휴식 속에서
한 살 더 먹음도 아쉽지 않은
손자 손녀 재롱이 남겨진 집안에
두 부부 말없이 앉아
텔레비를 본다

너 아니면 쓸쓸할 테고
나 아니면 외로울 테고
그런 표현 하나 없이
무던함이 매력인 우리 부부
무탈한 일상이 흘러간다

나팔꽃

한 뿌린지 두 뿌린지
말간 눈빛 생경한 얼굴들이
담장 위에 피어났다

디딘 발 튼실하여
허공에 손 짚고
오뚝히 돋아있는 나팔의 진한 색

순면의 말들을
세상에 많이 전해야 된다고
연신 비틀어
숙주와 함께 지어내는
가늘한 줄기들의 풍요

연한 외겹의 말들이
등 뒤로 등 뒤로 뒤따라 가다가
뉘 어깨 위에 남색 빛 꽃으로

다시 피고 싶어

이슬에 촉촉이 배어있다

참 좋은 아침입니다

감자 찌개

집에서 쉬는 날
오랜만에 앞뒤 베란다를 뒤졌다
언제 무얼 사다 놓았는지 모를
검은 봉다리 하나
열어보니 감자 싹이 수북하다

땅에 묻혀 제 몸 썩어 싹틔움이 순리인데
내 맘대로 가둬놓은 어둠 속
숨이 막혔는지 눈뜨고 치밀어 오른다

마음껏 자라고 싶은 아우성을 모른 채
나 편한 시절만 생각했으니
미안한 마음에
모질게 눈을 떼고 뚝뚝 잘라
찌개를 만들었다

어딘가에 마음껏 싹 틔우지 못하는
알뿌리가 더 있을지 몰라
감자눈이 한가득 눈에 어린다
맛있게 먹는다
연하고 힘센 새싹들이 되라며
냄비가 헐렁하도록 먹는다
감칠맛이 오래도록 부르다

개량한복

고름 없는 저고리에
폭넓은 치마
낮은 굽의 구두와
옅은 화장

빼어나지 않았어도
단아와 우아와 고풍이
한꺼번에 우러나오는

옛날이어도 지금이어도
비길 데 없는 우리의 자랑
아무나 입어도 멋스러운
개량 한복
내 몸에 맞게 하나
마련하고 싶네

아마도 개량한복이라면
나의 몸매도 조금은 살아날 거야

쌈

제법 값나가는
모듬쌈 한 바구니

물기 탈탈 털어
아귀아귀 먹는다

거실을 엿보는
창밖의 세상

한 쌈 싸서
바람에게 주었더니

맛있게 먹었다며
손 흔들고 지나가네

새해맞이

일어서자 우리 모두 새해가 밝았구나
북방에서 남으로 기울려던 검은 쇳물이
이젠 맑은 물로 변하려 하고
솟는 해는 다시 뜨거워지려 하니
다 같이 일어서서 손잡고 나아가자

드넓은 세계에서
우리의 자리는 좁기도 하다만은
우리의 잠재력은 무한도 하여
앞서가는 일들이 많기도 하거니

죽으면서도 외쳐대던
이 땅을 사랑함이
영혼의 눈빛으로 살아나
참으로 햇살 고운 첫날이 되었으니
붉고 뜨거운 햇덩이를 향해
달려나가자

일출의 불덩이로

가슴을 뜨겁게 데우자

산

멀리 보면 아른함
가까이 보면 푸르름

지팡이 짚고 배낭을 메고
산을 뚫는 사람들

산은 무너짐 없이
그들을 세워 나간다

내가 나를 잊고 살까 봐
나에게도 가끔 쉬어 가란다

가슴 시원한 푸름을 안아다
네 생활에 적용해 보란다

배

배 같은 사위가
배를 사왔네

단맛이 한가득
꿀꺽 차오를 때
손주들도 신이 나서
거실이 무너지네

아랫집 찾아가
인사드리니
괜찮다고 미소 지으시네

잠깐 살 부비다
사위는 돌아가고
남겨진 배상자에
작은 사랑이
오래도록 담겨 있네

2부

자연과 계절의 노래

미시령

미시령 고개 구비구비 머언 길
돌고 돌아 올라서면
멋있고 오묘하고 아름답게
허공에 드리운 구름의 집
선녀가 날아드는 하늘의 성이네

끝없는 깊음이 궁금하여
내려다본 곳은
땅과 하늘이 맞닿아 매우 위험한 곳
보이는 곳만 보라고 하네

풍경에 묻혀 호들갑을 떨며
산 아래 마을로 날아 볼듯이
큰 발을 뛰다 지나친 곳
그리움 속에 남은 풍경과 먹거리들을

편리하고 멋있게 뚫린

터널을 지나며 그려볼 적에

졸지 말고 가라 하며 귀신이 울어주네

산딸나무

하늘로 가득히
숫구칠듯한 나비떼
이팝꽃 옆에서

청순의 매력 잠잠히 흘려내는
산딸나무 꽃
잔바람에 향기 날린다

정갈하고 가지런한 뽀얀 분칠이
봄햇살에 무르익어
탐스럽고 청아한 네잎 산딸 클로버
한두 잎씩 날아갈 채비를 하고

토끼마냥 뛰어도 바쁜 시절에
잠들어도 꿈꾸고
꿈 깨어도 다시 보는

눈 돌려 보게 되는 어여쁨 속에

마음 푸근히 둘러앉히며

초여름은 시작된다

포도를 먹으며

늦매미 울음도 지나가고
선선한 바람 속에
한여름 데인 몸이 식어간다

투박한 도자기에 담긴 포도알
씨알과 열매가 성글지 못하지만
그 긴 가뭄 속에
이만큼이나 자라준 것이
고맙게만 여겨져

부족하다 여긴 시간들이
맛있는 입맛으로 삼켜지고
예전처럼 풍요하길 바라는 마음위에
남아있는 것은 성글어 주리라고
뜨거운 햇살 내리쬔다

변하는 기후에도

우리의 토종 씨앗들아

기리 보존되어라

바람의 빛

바람이 가서 앉은 꽃 예쁘네요
바람을 타고 나는 새 귀여웁네요
바람이 불어 움직이는 것은
모두가 아름다운 유희
바람하고 있으면 앉아서도
먼 여행길
같이 걸으면 길동무의 이야기

가깝고도 멀고 길고도 가늘어
아득한 이야기들
제색은 없지만
그 몸에 맞게 색을 맞추어
꾸며내는 섭리의 손길

잡지 못해 놓은 사계
오그라진 몸뚱이 부여잡고

남은 삶이 발버둥을 칠 때

바람이 씻어주며

잘 왔다 안위해주네

가끔가다 두려울 때

숨어 있던 것은 아주 잘했던 거야

이팝나무

아담한 고목 같은 나무에 하얀 밥풀꽃
수도 없이 매달고 살랑살랑

풍년 들어라
풍년 들어라

발아래 자양수
가득히 모아 두었다가
무리져 보여주는 봄날의 화려
부시게 뜬 햇빛에 반짝거리네

볼수록 배부른 하얀 밥풀꽃
고픈 사람이 없으니
더 풍요롭고 소담하게
봄날 위에 눈부시네

억새밭

팔월의 태양이 녹아 내리면
억새는 서서 몸을 달군다

가을에 만발할 수많은 솜털꽃
환성을 지를 무리를 위해
스스로 일구는 여름
살가죽이 푸르게 탄다

매칠하게 달군 몸 눈이 부시고
살 부벼 이는 바람
끝없이 싱그러워
말끔하게 떨어주는 도시의 먼지

가득 마셔도 병나지 않도록
신선한 초록살을
함뿍히 안겨준다

달빛

물속에 내려와
말갛게 씻은 얼굴
자던 얼굴 깨어서 둥둥
주변을 포근히 감싸네

모두 다 아늑해지는데
창가에 가지 하나
너는 왜
흔들어 지새우느냐
세상일 물어다 달빛에 묻느라
어스름 빛 들고
이곳 저곳 짚어 어디로 가느냐

옛 어느 님마냥
다정도 병인 양이 아닌데
봄밤의 소리 들고 홀로의 여행은

가난한 주머니 속의
택시비를 꺼내려 한다
환한 달빛 무정하다

장맛비

세월에 씻기어 낡아버린 옛집
홀로 남은 어미의
궁시렁거림이 멎은 채
낙수지는 소리만 적막을 깨우네

풀밭이 된 마당에
내리는 장맛비
남루스런 살림을
삭히어 가고

길기도 하더니만
짧기만 한 채로
고독에 지쳐 잠든
무거운 바람
빗속에 우는 옛추억이 설웁다

별빛이 되어

저 별은 너의 별
저 별은 나의 별
누군가가 부르던 옛 노래가 떠오른다

하늘에 안긴 영혼들이
무수히 빛나는 밤
누구라도 죽으면 별이 되는가

묻힌 별이라도 되어가려
바삐 움직이는 세상 사람들
더디고 아파도 발길 쉬지 않는다

수많은 별 반짝거려도
하나를 찾아가는 길 위의 인생들과
똑같이
내 별도 오직 하나지

부모님 생각

산같이 높으시던 아버지와 엄마
어느 결엔가 떠나가셨네
그립지만 뵈올 수 없어
삶 속에서만 간간이 느껴만 보네

근면으로 사는 것은
어미가 물려준 잔소리의 유전자
속을 후비는 글을 쓰는것은
급하고 칼칼하시던 아버지의 유전자

없는 것 같아도
행복을 생환해 주시는 분들은
오늘 밤에도 별로 떠서 나를 내려보시네

관악산 정기 소슬한 내집에는
가끔 아버지 엄마가 찾아 오셔서
글 한소절을 불러 주신다

아 대한민국

어쩌다가 우리나라는
대륙과 이어진 반도의 땅
어쩌다가 우리 나라는
세계로 갈 수 있는 참 좋은 길목

갈 곳 없는 섬나라는
우리에게 몹쓸 짓을 했지

지금도
질시하며 바라보는
큰 나라들 속에서도
꿋꿋이 서가는 이곳은
나의 사랑 한반도
자손만대 가도록 영원을 기도한다

놓을 수 없는 땅 놓을수 없는 기도
우리는 모두
구국의 기도자들입니다

새야 너는

새야 너는
한 벌 옷을 입고
한 목소리로 노래하고
날렵하게 나는 모습
마음에 차는구나

날고 싶어
실컷 몸을 흔들어도
내 몸은 낮은 땅
보이지도 않는 곳에서
너를 보는 마음은
아주 머언 곳

한 번쯤 날개옷 한 벌
어깨에 두르고
너하고 같이 날고 싶은데
혹시 나와 친해지지 않겠니

이 세상 것 조금 줄게
저 세상 것도 조금만 빌려다오
오늘도 네가 많이 즐겁구나
포르륵 솟아 어디로 가니

그리운 길

그리운 길
잊히지 않는 길
묵은 길에 숨겨져 있어

잊으려도 잊지 못하던
어려웠던 길이
어쩌다 훗날의 시작이 되어

큰 한짐 지고 가며
둘러보는 샛길은
내 모습의 거울이 되고

옛이야기로 생겨나는
그리움의 살들 그 살 먹으며
세월은 익어가네

굳세어 가자

혹여 내리막길에도

걸개 하나 세워줄 지금의 이 길아

안양천 풍경

운동 나선 길
바람은 차지만 상쾌한 물가

무리무리 즐거운 여담
팔랑대는 강아지
자전거 행렬의
경쾌한 리듬

한쌍씩 무리 지어 물질하는 오리들
커다란 잉어 떼의 날랜 모습
백로와 왜가리는
한쪽을 향하여 둔중하게 서 있고

불편한 몸 이끌고 날마다 나오시는
어르신
불편한 한쪽을 도우시며
산책하는 노부부

잘 가꾼 손길 위에
주민들이 쉬어갑니다
지자체 감사합니다

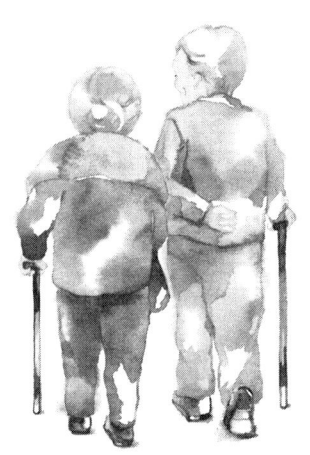

할머니의 소망

입추 지났다고
실바람이 조금씩 묻어오네
먼듯한 시간들이 어느새 지나쳐
빠르게 늙어가는 즈음
몸에 남겨진 세월들이
작은 것에도 민감해진다

조금 다가오는 실바람이 반갑고
잠깐 뿌려주는 소나기가 고맙고
누가 말 걸어 주면 기분이 좋고
관심 가져주면 감사한 마음

허허 실실 웃으며
둥글하게 늙어가는 할머니의 때에
길고도 긴 어느 날이 있다면
홀로 묻어 감추어 둘일

잠잠 살다가

자는 듯이 가는 게 전부의 소망

요양원 침대에 누워 있는

그런 일은 안 되기에

잘 가기 위한 기도만 수없이

마음에 울리지

새벽 기도

대선을 앞두고
나라가 혼돈하지

정치는 모르겠고
통치는 하늘이 하는 것이니
잘 선택해서 가는 것이
우리의 몫

삶의 문제가 심각한데
엉터리 일에 국력을 쏟는
그들을 위해서도
기도해야지

구국의 염원은 오직 평온
각자 선 자리에서
이름 없는 선구자들의
낮은 소리
하늘에 들린다

하루 여행

이쪽과 저쪽 편으로
맥은 이어지고
길 따라 골 따라 갖가지 풍경들

늪지와 생명들은 저마다 자유로워
꽃가람 도래지에
씻기는 도시의 먼지
돌고 돌아 하루를 즐긴다

휘도는 철새의 날개 위에
내 가슴도 더 멀리 펼쳐지고
다 같이 즐기다 하룻길 저물어
돌아서는 발길 앞에
강변은 더 아쉬운 붉은 낙조

든든한 활력으로
미래를 가야 되는 발길들
흩어지는 인사로 하루를 매듭하네

편지 쓰기

가끔 편지를 쓰지요
아무것도 느낄 것 없는 누추이지만
가슴 한편 메우는 소리
내겐 들리지요

바보스럽지 않고 모나지도 않게
마음 세우며 살아가는 일
쉽지는 않지만

바라보는 것들과 지나간 일들이
모두 내 편이 될 수 있기에
편지 쓰기를 멈추지 않습니다

달과 별이 내려보는 밤
풀어헤친 내 자리가
무척 편안하지요
일에 겨운 그이도

강아지와 함께 자는 모습이
너무 사랑스러워 보입니다

높이 오르지 못하는 키 낮이 나무
부대끼며 사는 내 편에게서
정겨움을 느낍니다
밤새도록 쓴 편지는
적당한 때 말하듯이
읽어주고 싶습니다

옹달샘

실낱같은 물줄기 흘러
옹달샘이 되었네

나뭇잎과 깃털 곤충이
살짝 떠 있네

인적에 놀란 물
산 그림자 흩어지고

손 씻고 세수하여
푸름을 들이쉬네

산빛 놀랄까 봐
살짝 풍욕하며 걷네

첫차 풍경

봄비가 흥건히 내려
추운 새벽
버스는 모두의 행복을 싣고
바쁘게 달린다

정형외과에
수시로 이름을 올리어도
삶의 자리에선 뒤지지 않는
존경스러운 모습으로
두 눈 잠시 붙이며 새벽길을 달린다

새벽별처럼
빛나는 영혼들의 목적지는 일터
갈수록 굳세지는
아버지와 엄마들이
가정과 가족들의 성원에
점점 굳세어간다

우리 집

산그림자 어스름 사라질 적에
어미는 바쁘게 집 찾아 들었지

아파트 숲사이로
햇빛이 쨍한데
꼭두새벽에 일 나간 나도
바삐 집으로 가지

알토란 같은 살림과 내 아기들
하나로 세위가는
가족의 보금자리

잘되거라 빌어주는
어미의 근심과
그 기도를 들으며 사는 식구들은
순응의 길을 가니

부러움 없는

우리 집에 놀러 오세요

따끈한 근면의 밥 한상

지어 드릴게요

부침개

호박 묵은 것 부추 상한 것
양파 조금 당근 조금
모두 모아 부침개 버무리

주중엔 만성 피로이니
주 초에 해 놓으면
타박않는 옆지기
혼자 잘 부쳐 먹는다

주말에는 치우고
주초에는 마련하고

맞들은 백짓장과
무뚝한 체온이
덤덤한 채로 묵은 맛 들어간다
그 맛이 세상에서 최고이지

바이러스

봄비 같은 겨울비가
내리고 있습니다

우리에게 번져온
고약한 바이러스에
자꾸 문을 닫는 계절

나누고 살아야 할
우리네 생활이
자꾸 주춤해집니다

사람이 만들어 내어
되돌려받는 것은 아닌지
되돌아보지만

수심에 찬 겨울을
코로나 19가 설레발 칩니다
안타까워 발만 구릅니다

나의 그림자

그림자가 날 따라오다가
멈춰 버렸다
주인은 시원치 않아도
성성하면 좋겠는데

어쩜 그리도
주인 따라 돌면서
한마디 말이 없는지
얄밉다

늙었어도
앞뒤로 날 지키는
산 같은 그림자 하나
그립기도 하지만

못난 몸으로 일궈온 내 자리
많이 못나지 않았으니

참으로 괜찮은 일

떼버릴 수 없는 그림자는

오늘도 날 따라 노인정에 가겠지

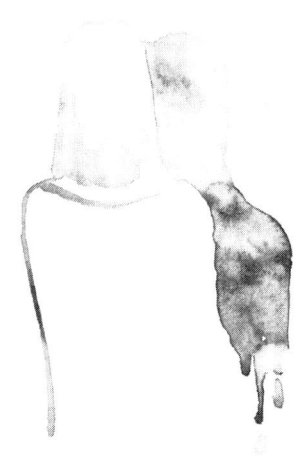

안개 속에서

안개가 끼었다
모든 것이 가려져
보이지 않는 세상

밝음이 아니지만 어둠도 아닌
우리의 모습이
살짝 감추어지는 시간이다

오래지 않아
밝아지는 세상엔
부유물이 마르고
일의 구분을 해야 할 시간

떠밀리지 말고
제길 찾아가라고
잠시 가려진 눈이 살짝 열린다

촉촉한 느낌 보오얀 희미로
만져지는 기후의 눈빛
조물주는 우리를
다양한 변화 속에 두신다
잘 생각하며 가라고

잡초 이야기

내 인생의 텃밭은 잡초가 무성
뽑아내도 죽지 않던 억센 뿌리들
시시때때 동반자되어 따라오더니
변덕이 났는가
이젠 잔숨 고르며 쉬라고 하네

구름 발치 먼 바람 데리고 와서
가끔은 같이 놀아라 하지만
평생에 배인 근면은 돈맛을 알았는가
춘하추동 첫차에 몸을 실리네

첫차는 입석도 없는 만원
가방을 놓치면 몸 따로 짐 따로
여의도 어느 곳에서 풀어 헤치면
곳곳으로 흔적도 없이 사라진다네

옛날에 그리도 밉던

잡초들이

언제부턴가 내 발뿌리를

지키고 있었음을 이제서야 느낀다

미로

갈래갈래 늘어진
그런 길 말고

그냥 반듯한 길
가고 싶은데

제멋대로 흩어진 길
앞에 있다

가다 막히고
찾다가 못 찾고

헤맬 때가 있지만
제길 찾는 사람들이 많고도 많으니
미로는 찾는 만큼 열리어 간다

삶

만석의 꿈을 꾸다
하얗게 새운 밤

총명을 잃어버린 모습으로
길을 나서네

청춘의 시절
덧없이 보내고

아직도 못 내려 놓은
삶의 자리

온몸이 저려와도
목소리 높이며
굳세게 나아가네

근로 명패 하나
어딘가에서 빛이 나리라

오늘

오늘은
그럭저럭 살았습니다

내일도
또 그렇게 살아지겠지요

인고의
긴 세월 지나는 동안

소망을 놓아 본 적은 아주 없지만
퇴행의 삶도 그렇게 지나가네요

무탈하게 지나간
오늘이 좋습니다

더운 날

바람통 없는 복도
땀으로 멱을 감고

붙박이 창 너머엔
딴 세상 엿보이네

마폿대 집어던지니
야 이놈아 천둥 치시네

3부

일상의
풍경과 성찰

어깨 몸살

못난 몸이 깨금발 딛고
더 좀 오르려다
한쪽 팔이 늘어나서 아프다

늘상 겪는 일
조금만 신경 쓰면
쓸 만한 도구들이 갖추어져 있는데

습관적으로 손을 뻗다가
그만 어깨병을 얻었다
건강할 때 건강 지키라는 말
새삼 새롭다

다행히 주말이라 쉬고 있지만
야속한 영감님은 잔소리만 한다
미련해서 그렇다고

찜질 같은 건 생각지도 않고
살고 있지만
그래도 맞추어
소리 없이 잘 사는 우리 부부다

커피

한 모금에 삼켜 버리고
더 생각나는
믹스 커피

안 된다고 하여도
못난 몸에 바짝 붙어
애인처럼 속삭이는 달큰함

떼어내지 못하는
마녀 친구
손에 들고 아껴 마신다

철야 근무

의자 두 개 맞대놓고
새우잠 자고 있네

주어진 일 완수하는
예쁜 젊은이들

새벽녘 청소하기 위해
들어간 사무실에

휴지통만 살짝 비워 들고 나오네
누구든지

좋은 역량 지키기 위해
열심히 배우고 일할 수 있는 곳

여기가 정말 우리의 곳이니
열심히 하시어 복된 길 가시게나
젊음들이여

엄마의 무덤

아무리 무겁게 길어 부어도
물은 고이지 않았고
세월 따라 육신의 물기도
차츰 말라 가셨지

죽어서도 못 놓을
자식들 염려
어느 날부턴가 놓아 버리고
먹고 입을 것을 보면
나두 달라구 보채시더니
이제는 계신 곳에서 편안하신가
봉분 새파랗게 덮고 계시네

평생의 노고에
자식들 건실하여 모인 곳
나누는 이야기 정겨운데

가만히 듣고 계시는가
봉분의 풀마다 두 귀 쫑긋
세워져 있네

빈 의자

빈 의자는
항상 사람을 기다리고 있다
때론 비 맞고 눈도 맞지만
가끔은 앉아 기다려
온기를 돌리는 곳

누구라도 안겨주려 비워둔 자리
살기 바쁜 세상의 작은 쉼터에
아픈 관절 녹이다
돌아선 사람들을 기억하며

누가 있어도 없어도
다정히 놓여 있는 한자리

쉬어 쉬어 이야기 흘리면
그 말 주워서 빈 곳에 두고
다음 사람에게 전하는
의자는 살아있는 숨결이다

황사

날리는 꽃가루와 미세 먼지로
껄끄러운 세상
황사가 더욱 앙탈을 부린다

건조주의보 한창인 때에
소나기 한소끔 지나가면은
능소화 덩실하게 피어날 텐데

대기오염 싫어 얼굴 가리고
죄지은 듯 문 꼭 닫고 사는 날
어느 누군가의 아픈 소리
안타깝게 들려온다

청결 유지하고 건강 지키어
다 같이 지나가자 마른 봄

벚꽃 계절에

우리 고조할매가 빚었던
꽃술 향기가 어디선가 날아오네
온화하게 품은 빛에 반하여
거나하게 취한 맘이
천지에 한가득

부시게 취한 눈이 바라보는 곳엔
작은 잎들이 켜놓는 하얀 불더미
더 솟지 않고 더 타지 않고
길게 이어 발을 맞춘다

허공 속의 사계는
손길이 유연하여
꽃내음 곁으로 그늘을 짓고
눈과 코로 전하는 향기에
내 나이가 고프지 않는 무렵

꽃길을 즐기다
먼 길로 돌아갈 즈음에도
꽃 불 번지는 계절이 되겠지
값없이 누리는 계절이
감사하고 행복하다

안개꽃

하나가 안 되고
반도 못되어
티끌처럼 날리는 것이

눈 깜박이며
오종종 모여들어
잔잔한 한묶음

구름 한 점 내려와 쉬는 거실에
바람에 호흡하며
같이 쉬는 하얀색이

쉽게 헤지지는 말자고
한 다발로 뭉쳐서
오물거리는 눈과 입
가만히 들으니
강 같은 평화를 조금이라도
내게 주고 싶단다

푸른 꽃

나는 색깔이 없지요
다만 푸름이지요

고운 색깔 올리려
온몸에 푸른 피

받쳐든 손이 나란한
푸른 꽃이지요

몇날 후 나만의 매력도
꼭 보여드릴게요

잎 속의 잎새 꽃을
찾아보세요

고목에 핀 꽃

늙은 어미가 서 있네
많은 자식 먹여 살리느라

골 패인 고목이
마른 손 짚고 겨웁게 서 있네

이끼 눈물 흘리며
나지막이 바라보는 한쪽 눈

내 눈이 멀 때까지
나를 기억해줄 어미의 넋

살 부비며 울고 싶은
고목의 하얀 꽃

산나리

참나리 꽃 피어나
푸른 몸매 가늘하네

생머리 뒤로 묶고
꽃술 돋아 웃으면

점박이 얼굴
살랑살랑 귀여워

주황색 눈빛 마주 보다가
그냥 지나온 산길에

송송 박힌 주근깨 꽃
내 눈 속에 다시 피어나

풀꽃

비바람에 눕고
발길에 밟혀도
다시 서는 풀잎

마음 하나 따라가면
햇살 잠잠히
풀꽃들 피어나고

가득히 마신 바람은
더 바램의 꽃으로
푸르게 피어나지

냉이꽃

길가다 눈에 띄는 깨알 꽃
자세히 바라보면
하얀 얼굴

늦겨울
눈 부릅뜨고 모두 다 캐었는데
어디에 숨어 있다
제 모습을 보여주네

흙 털린 보얀 뿌리와
납작 잎새를 다시 보고 싶을 때
눈 뜨고 다시 나와
내 손길을 기다리는

추위를 견디다 붉은 잎도 생긴
듬성한 푸름은
일등으로 챙겨지는
나의 건강보감

꽃길에서

만개한 꽃은 고웁고
지는 꽃잎은 더 아름다워
봄 한철이 행복으로 젖었네

꽃잎들 낙화하여 시름 없이 구르고
꽃진자리 푸르러 우거지는 여름날
있을 곳을 찾아 더듬거리는
늦은 발길

하나의 꽃이 된다면
너털웃음 흘리는 사발꽃이 괜찮고
가만히 피어 웃는 야생화도 괜찮고
하얗고 거룩한 불두화도 괜찮고

아무거나 하나 되면 좋겠지만
곳마다 별 수 없는 반팽이 할머니

보통인 것을 사랑하다가
사무실 알바를 구했네

용채가 괜찮은 편이네
만개한 꽃길따라
얼굴의 주름도 꽃같이 퍼지는
행복한 길을 걷네

오월의 기도

계절의 여왕 오월의 대지는
생성의 기운을 전하고
바짝 와서 머무는 햇살은
온갖 아름다움을 보여 주시네

자연의 사랑은 끝까지의 선물
보듬어 살라 하시며
갖가지 좋은 것들을 곁에 놓아 두셨네

클로버 잎을 따서 갈피에 묻고
봉숭아꽃을 따서 꽃물 들이고
여름은 더위에 묻히고
가을은 잘 갈무리하여

내 안에 차곡차곡 재워 두어서
아쉬워 발 구르지 않고
준비한 것들을 잘 사용하라 하시네

몇 번을 만날지는 모르지만

지나는 길 모두 알차게

오월 같은 마음으로 살아가야지

잎새 꽃

꽃과 잎새가 같이 난
잎새 꽃들이 예뻐요

포개고 덧입은
두서넛 색이
점 찍고 줄 그어 한 몸 되어서

단아하고 생기있게
그려낸
고운 그리매

듬직한 꿈 하나 지니고
사무실 한편에서
빛이 나네요

꽃그늘

엉근 지붕 위에서
꽃들이 내려보네요
코가 시큰하도록 향기를 풍기네요

꽃누리를 바라보는 눈이 지긋하고
제자리에 머무는 사물들이 평온하네요

다정하고 급하지 않게
다시 짓는 부부의 집은
꽃을 가꾸다 얻어 왔지요

애들에게도 말을 전합니다
꽃을 몇 포기만 길러 보라고
꽃그늘이 너무 좋다구요

뚱딴지 꽃

화려한 무리 속에 피어나
활짝 웃는 뚱딴지가 있지
옛날에 보던 그 꽃이지

꾸미지 않고
멋없이 자란 큰 줄기에서
그냥 웃는 샛노랑은
나하고 닮은 듯

볼품없이 웃자라 한 키 넘는 울타리가
밭뚝을 지키어도
일에 묻혀서 보이지도 않았지

욕심을 다 내려놓은
촌뜨긴가 하였더니
근래에 뜨는 소문은 그게 아니었네

찰진 가루는
감초 같은 영양소로
많이 애용한다며
노란 외겹 꽃에는 자부심 가득하지

나도야 속없는 빙충이는 아니라고
운동하는 들길에
같이 노는 뚱딴지가 예쁘네

쑥

제철 지나 억센 쑥 수냉이만 잘라다
쑥국을 끓였네
따숩고 맛있는 거 말하면 뭘해
쑥 좋은 거야 모두가 아는걸

열 가지 병을 안고 간다는 쑥
건강 챙기려 잔뜩 뜯어다
냉장고 한가득 저장해 놓네

사철 먹고 느끼는 봄
좋은 면역의 기초가
향기로 차는 우리 집
흔하게 밟혀도 너로서 꿋꿋한
그런 심성을 잊지 못해
해마다 찾는 너의 군락지

퇴근 후 후르룩 마시는 늙은 영감의 얼굴을 너는 보았지

멋없고 딱딱한 영감이 다숩게 풀어지면
갑자기 딴 세상이 되는 거 같지
큰 것 아닌 작은 것으로
온유해져 가는 늘그막

올봄도 너를 만나러
봄 놀이 겸 가야지
애 옆으로 만나야 더한
부드러움이 생겨지니
산과 들에 무수히 돋아나거라
쑥

봄꽃

그렇게 예쁘도록
화들짝 피어나면 어떻게 해요
걸음 느린 할망구는 그냥 미쳐 버려요

그렇게 빨리 져 내리면
또 어떻게 해요
움츠러진 할망구는 쓸쓸해져요

지는 꽃물에 들어
가슴 촉촉한 날
자가용에 이것저것 사 들고
예쁜 딸년들이 오네요

꽃보다 더 예뻐도 나 늙으면
요양원에 보내겠지요
그러기 전에 많이 누리며
건강해야지요

뒷눈 어둔 영감 먼저 보내고
그 이튿날 뒤따라 가길
꽃잎 하나하나에 새겨 보지요

쉬는 자리 평온도 괜찮답니다
잘 가꾸어진 화단엔
나의 꽃도 있거든요
작은 화단이 아주 예쁘답니다

훨훨

들판에 봄바람 부는날
연초록의 작은 싹
능수버들 멋있네

살짝 추운 날
능수 매화도 같이 간다고
멋지게 늘어진 가지에
예쁜 꽃이 오똑

가볍게 보행하는 어깨춤 위에
치유의 맘으로 날리는 웃음꽃
하늘 끝 향하여 훨훨

화려하게 타다가
끌 수도 없는 초록불로 번지는
능수가지 아래에

매듭 매듭 엮어지는

한 마을의 이야기

듣고 들으며 봄날이 간다

무정한 봄

늙은 할망구더러
연애하자구
뭉텅이로 덤비더니
재주 없어 못 한 말
그냥 놔두고

홀홀 날아가네 수많은 꽃잎들
산같이 듬직한 사람
말없이 떠나가듯
하염없이 가버리는
무정한 봄아

나는 그냥 놔두고 가려무나
몸속에 숭숭 바람이 드는구나

싸리꽃 지는 날

싸리꽃이 피면은
하얗게 피면은
어미의 하얀 실타래가 생각나지

바쁘던 틈새로 반짇고리 끼고
실 감고 꿰매고 매무새 다듬던 어미의 손길
이제는 마주잡을 손 없이
싸리꽃만 지고 있지

정에 고프고 말도 고픈데
무명옷 그림자는 다가와
반짇고리를 덮고 가시네

빗자루 만들던 마디 없는 싸릿대는
덤불이 넘쳐서 수풀을 이루어도
쓰는 이 없이
실타래 모양의 꽃만 져 내리네

봄꽃 속에서

온갖 꽃들이 아름다운 세상
저마다 손 흔들며
해맑게 웃네

저물녘 들길에는
남기고 간 이야기가 다시 꽃피어
또 다른 얼이 살아
평온에 깃드는 뭇 생명

갖가지로 채워준 손길 감사해
내 삶의 여백에 예쁜 채색을 하며
바람 머무는 길에서
쉼을 가져가는 행복한 생활들

꽃 시절을 주신 크신 님은
솜씨 좋으신 하늘 아버지
세상에 있음이 감사합니다

유홍초

하늘엔 노란 별
땅에는 빨간 별

옛적부터 알고 있었다는
두 모양의 별들이

허공으로 내미는 손길을
서로 마주잡고 웃는다

힘있게 뻗는 유홍초의 둘레는
꿈을 나누는 별들의 공간

고요함에 잠겨
차분한 이야기 넘쳐 흐른다

초승달

춥고 시리다고
손발 다 오그리고
눈만 찡긋이 보이네

추우니 어서 들어가라고
손짓했더니
산너머로 넘어가서
보이지 않네

폭신한 나무숲에 숨어 있다가
보얗게 핀 얼굴로
다시 나오겠지

목구멍이 포도청

안산에 늙은 집 하나
허리 굽고 등 굽고 다리도 절고
툭하면 고쳐달라 생난리다

두 늙은이 목숨줄로 붙잡고 있으니
깔보고 더 야단거리는
늙은 집 한덩어리

봄에 손 봐줄게
겨울만 잘 지나렴
하고 달래본다

관리 맡은 우리 영감님 폰엔
항상 불이 나고 있어도
목구멍이 포도청이라
붙들고 있다

친정집

돌담길 지나서
흙 담장길 지나서
긴 바깥채가 보이던 집
인기척 보이려고 일찍 문 여는 어미

담장 안 꽃나무들 싱그러울 때
해는 뜨고
담벼락에 햇빛 기댈 쯤
더위는 시작되지

접시꽃 활짝 웃다가 멈출 무렵엔 한낮이 조금씩 사위고
무거운 일과 거의 끝나갈 때
분꽃은 피어나지

절로 이어지던 해시계
하루의 노고가 모두
근력이었던 그 시절

까마득하여도
가끔 들어오는 인기척이 반가워
일년 내내 열어 놓던
무거운 중대문이 기울어
삐그덕거린다

유리창

사계절을 보여주는 창문
먼 곳과 가까운 곳이
정스럽게 다가온다

불로 달궈진 성미는
완전한 절제판
정확하게 금을 그어 똑 자른다

항상 나와 같이 똑같은 눈높이
집안 이곳저곳에 빛을 전하는
조용한 친구

눈은 맑고 입은 무겁고
마음을 엿보는 흔한 사각꽃이
집마다 해맑게 햇살을 받는다

물방울이 똑똑

높은 산 골짜기 바위틈에
물방울이 똑똑
흐르던 물 얕은 샘에 모여서

솟은 곳은 돋은 걸음
낮은 곳은 낮은 걸음
바윗돌 지나며 지줄지줄 소리 내어
몽돌길을 만들며 마른 길을 적시며
먼 길까지 꿈을 놓아

강둑에 오르면 골짜기의 물 냄새
깊은 강의 바람 맞이
생명과 계절은 순환이 되어서
꿈 많은 우리에게

꿈을 잊은 그대에게는
더 많이 전해지는
깊은 강 이야기

4부

사람과 관계, 그리움

돌부처

영감을 담으라고
정으로 쪼아댔지

모양이 뭉뚝해도
지극한 마음이 되었지

천 년 후에 다가와 줄
어느 손길 맞으려

몸속의 피를 말려
돌부처된 까닭이

오늘도 돌아서는
발길 잡는다

너와 나

너도 못나고
나도 못났지

부부쌈은 이등
사랑은 삼등
인내는 일등

그래서 살았지
못나서 살았지

제삿날

아버님 가시던 날에
만장 행렬 뒤따르던
꽃들아 풀들아
지금도 계신 곳에 머물고 있드냐
그날이 아득하여
길도 잊었는데
날짜는 기억되어 가슴이 아리구나
꽃들아 풀들아
모든 너희들아
계신 자리에 오붓하게 있어 주렴
이 다음에 물어물어
잊었던 길 찾아나 볼게

하룻길

꽃은 피기를 다하여
그 눈에 예쁘게 보여주는 일

새는 울기를 다하여
그 귀에 맑게 들려주는 일

하나에 소용되는 삶들이
자리에서 제 몫을 다할 때

모르는 듯 누려지는
하룻길이 든든하다

메아리의 여운

소리 지르면 알았다고
대답이 들리지
얼른 사라져 목울대만 아픈

무지하게 써 먹다
몸 삭아지고 반경 작아진 즈음
야속함은 조금씩 사라지고
새삼스레 밝아져 보이는 세상

내 주변에 꽃이 보이고
나무도 돋아나고
메아리가 놓고 간 심산의 씨앗을
이제야 보면서

낮은 집 짓고 사는
단조로운 나의 발길을
모른다 말하지 않고

온 자리 되돌아가 긴 여운으로
소리 나는 곳에 머물고 있음을
골 깊은 앞산이 알려 주었지요

오카리나 연주

보얀 손으로 고개 저으며
휘파람 소리
풀피리 소리

물결 같은 소리에
새가 날아와 같이
합주를 하겠네

내 마음도 톡톡 쪼으며
손안에 오카리나
닳아지라 말하겠네

어느 날 멋진 연주를 하자며
창가에 날아와
폴짝거리겠네

별밤

내 몫의 짐을 지고
꼿꼿이 걷는다

어귀마다 부는 바람
못 닿는 십리길에

행운의 꿈을 꾸는
많은 사람들

하룻길의 기도가
별밤으로 뜬다

어둠

붉게 타던 노을 지나간 자리
더운 몸 식히며
어둠이 내린다

어둠 속에 막힌 벽은
생각의 게시판
주섬주섬 던져진 이야기도
잊지 않고 그려가
어느 날엔가
생활 속에 같이 있음을 느끼며

잠 못 드는 마음을 서로 아끼어
정감을 나누어 가면
채색의 이불은 잉태의 너울 안

세상 모든 것의 꿈꾸는 소리를
사위에 묻으며
어둠은 한밤으로 지새워 간다

노부부

너도 잘 나고 나도 잘 났지
앙앙일색이 부족했는데

늙어지니 헛바람
비척대는 발걸음

힘든 언덕길에서
짐을 같이 나누네

자분자분 이야기 나누며
화초에 물을 주네

늙어 철든다는 이야기가
우리에게 적용되네

강가에서

물은 흐른다
거스르지 않고
순리의 길 따라 끝없이 흐른다

웅덩이가 패여 아픈 가슴들
거슬리지 않고 뻗질하지 않은
범생이 품성으로

너의 물줄기
나의 물줄기
다 안고 강은 말이 없으니

와서 밟고 적시고 풀어내고
물새알 찾아 거닐며
한 보따리 아니어도

서로가 맞는 한 줌으로

마음을 담아서

돌아오는 길은 아주 가볍게

약속

무서리 핀 가지 끝에
홍시가 더 붉네

저녁 채비가
맛있게 익으면

요양원 가지 말고
앞서고 뒤서자고

많은 날의 연습이
밥상에서 피어난다

무성한 꽃길에서
그대와의 약속을 놓아 가겠네

친구

뭉툭한 나무토막에
마음을 전하네

자꾸 건드리니
말대꾸를 하네

푸른 순 돋아나서
나무가 되어가네

서로가 물끄러미
알맞은 친구 하나 생겼네

포장마차

빌딩숲 앞 너른 마당 포장마차
바람막이 벽에는
내일은 행복한 휴일이라는
글을 매달고
주황색 불 켜놓는다

하루를 마친 발걸음들
밤빛을 먹고사는 사람 앞에서
앞으로 옆으로 나누는 이야기는
지면에 올라 땅꽃으로 남고

뱉어낸 넋마 이야기는
바람이 얼른 수거해 간다
온종일 더디 가던 시간은
뒤풀이로 풀어서
심야버스에 싣고

또 다른 빛이 순환될 때까지
포장마차는 불이 꺼진다
톱니바퀴 맞물려 돌리며
서로는 산다

매미 울음

매미가 운다
맴 맴 맴 맴 매~앰
급하지도 않고 느리지도 않은
한 박자 리듬
소리도 발음도 정확하여
언뜻 사람 소리 같구나

올려봐도 보이지 않지만
나무 수액 열심히 빨아 먹고
오줌 몇 배로 휘갈기면서
길었던 어둠의 시간도 달래며
실컷 울어라
시끄러운 떼창도 참아줄 테니

데인 몸속에서
너와 여름이 놀고 있구나
너의 울음이 잦아질 즈음

뜨거운 열기도 사라지겠지

기다린다

허덕이지 않는 밤을

대추 따는 날

가뭄 속에 실하게
여물지는 못했지만
풋살 돋아 올망졸망 담장을 넘어
이웃을 바라보던 작은 애기들

깊은 뿌리의 심성으로
골고루 여물어 단내 풍길 적
마구 떨어내는 장정의 혼쭐에도
상처 없이 굴러주는 탱글한 모습
한가득히 담아서

식탁에 골고루 얹어진
푸르고 붉은
반반이 색깔이 입맛 돋울 제
덕담도 즐겁게

마주앉은 이의 얼굴도

대추알 같이 예뻐

서로 한 줌씩 나누어 갖는다

작은 가을이 눈앞에서 맛있다

가을밤

나뭇가지에 달 걸리고
먼 산 부엉이 울음 들리는 밤
일터의 바쁜 소리는 조금씩 멀어지고
별들의 소리 귓가에 울린다

살던 이야기 한 소절은
잠 안 오는 이유가 되고
병든 몸은 치유의 길을 찾으며
칠십 중반을 아쉬워 할 적에

어느 날 소리 없이
쌓았던 기도줄은 헛되지 않아서
나를 홀로 두지 않으시고
내 마음을 세워 가신다

누우런 빛깔 소리

가스락거릴제

보드라운 이불에 관절 포개며

긴 가을밤이 정스럽게 지나가네

청량한 갈바람이

귀뚜라미 날개 위에 쉬고 있다

또르르 또르르

만추의 저녁

풍요로운 만추에 무르익은 산야
넉넉한 알곡들이 광속에 들여지고
남겨진 살림살이가
매바삐 가을을 타네요

멀리 능선이 빨갛게 불타고
낙엽에 덮여 겨울잠을
준비해가는 세상
곤한 육신 온돌에 누이면
어둠은 가만히 안부를 묻고

추워도 오붓한 이야기 소리
불빛으로 새는 만추가
부르고도 정겹습니다

온누리가 새하얗게 꿈꾸는 계절
거저 받은 것 많으니
나누고 살 것을 찾으려
산천을 두루 살펴보네요
하늘 소식 담고 눈발이 흩날립니다

단풍 지는 날

가을 찬비에 젖어 오들오들
시린 눈물 뚝뚝 떨구네

빨강 주황 노랑의
빛고운 눈물은 내 겨울방 한편

작은 시집 속의 갈피로 남아
내 무딘 세포를 깨워줄
고운 시어들

내 추운 몸을 덮어주고
늙어감을 더디할
따사로운 옷들

내년 이맘때 빛 고운 모습으로
다시 만나자고
시린 손 마주 잡고 인사 나누네

구월을 맞으며

팔월이 가고
구월이 왔습니다

숨 막혀 죽을 줄만 알았는데
다 깨어나서 왔습니다

무엇을 마주하더라도
한 발 더 오를 수 있는 마음입니다

구월을 사랑하겠습니다
더 든든히 나아가겠습니다

낙엽

다 벗어내고
아무것도 없습니다

구겨져 누운 자리
갈 곳도 없이

빈 깍지엔
빈 소리도 없이

새순 돋을 자리 하나면
만족한다고

부서진 몸
찬비에 씻겨 흐릅니다

5부

계절의 끝과
새로운 시작

가을비

가을비가 흩날리네요
쌀쌀한 계절
쌀쌀맞게 말을 하는
가을 손길은

추워도 춥지 않은 길을
마련해 두었냐며
핀잔을 하더니
다 익은 곡식도 한 번씩
후리고 가네요

추워서 창문을 닫았지요
추움을 넉넉히 비껴갈 수 있는
내 자생의 열감을
저 가을비는 모르는가 봐요

든든하게 둘러진

우리의 생활터를

저 찬비는 모르는가 봐요

가을

나는 좋았네
봄이라서 좋았네

나는 좋았네
여름이라서 좋았네

지금은 가을이네
단풍꽃이 한창이네

가을꽃 끌어안고
봄처럼 여름처럼
매양 웃고 있네

겨울 국화

이른 겨울 푹한 날씨
조급함 없이 걸어가는 길

많이 춥다는 소국이
반웃음을 짓고 있네

가다가 못 간 길이 아쉬운 듯
초겨울에 아직 있는 국화꽃

조금 움츠려 있다가
푸른 싹으로 다시 온다며

서리에 묻혀서도
눈빛 반짝거리네

내 안에 잠들어라
강인한 의지

혹서의 기억

한여름
무더위가 아프게도 뜨는 날
가시 돋친 자외선이 집안으로
마구 달려들었지

어느덧 다가온 가을빛
노고의 결실이 보이지
달달하게 영근 열매의 미각 속에
든든해지는 겨울 양식
명산의 단풍과
불타는 노을을 바라보며

무서리 지나고 빙판길과
삭풍의 혹한이 온다면
꼭꼭 숨어 건강 챙기고

철마다 다가오는 어려운 시기를

힘차게 밟고 지나갈 거야

혹서에게 배운 끈기가

그런대로 괜찮거든

가을편지

쾌청한 가을 명산엔
하루 속에서 먼 곳까지를 바라보는
발길들이 가득하다

나만의 꿈을 가진 모습들은
잎새마다 새겨지고
바람이 전하는 그들의 소식은
가만히 산 아래서 듣는다

몸도 마음도 가벼울
훗날의 약속을
빨간 나뭇잎은 기억하고

몇 글자의 엽서를 들고
제갈길로 흩어지는 낙엽들 속에
돋보이게 적어 놓은 나만의 편지가
앞에 살짝 멎는다

여기저기에서
솟구치는 일들을 묻어가며
우뚝함으로 서 있는 높은 산이
그림자 뉘이며 어두워 간다

염색

찬바람 불 때마다
우수수 지는 낙엽

듬성한 염색 머리도
같이 흩날리네

나의 때를 위하여
깊어가는 가을

좋은 유전자를
선물로 받지 못한

모양새를 원망하는
못난 사람이

열심히 머리에 색칠을 하는 날
바람도 나를 노려보는가
휘휙 소리 내며 지나간다

호박

시골 담장 위에
궁뎅이 늘씬하게 드러내는 풋호박
오늘은 새우젓 범벅 쓰고
나의 밥상에 올랐네

늦가을 무서리 맞아
풀죽은 수냉이는
쌈으로도 맛있고
된장찌개로 구수하지

풍년이라고 술취한
주인 양반 따라서
헤벌쭉 들어낸 노란 엉덩이들
훈훈한 헛간방에 겨울잠 자러
곧 들어가겠네

끈끈한 영양죽으로
만나볼거나

갈대

가을길 늪지에는
갈대의 무리
껑충한 키에도 유연한 몸매

매초롬 머리 빗고
누런 털꽃 산들산들
환상춤에 발길들 쉬어가네

다 말라서 지푸라기 될 때까지
발아래 깊은 뿌리
흙 가슴에 담고
있는 자리 정화하는 홀홀한 몸

빈 깍지의 빈 소리가
멀리 흩어지고
샛푸른 싹이 돋아날 자리에
더 뉘어가

성근 자리 내어 주려는

겨울 갈대

서리꽃 덮으며 사그러진다

금목서

예쁘다 금목서
둥그런 나무에 어여쁜 주홍색
총총 박힌 모습이
꼭 달나라 계수나무 모양이
살짝 엿보여 사랑스럽네

먼 데까지 날리는 만리향의 바람결
시월의 어느 날 여행길에는
너의 향기를 가방에 담아와
주름 속의 잡내를 싹 다 잡아내어

베란다에는 없지만
화장대 앞에서 향수로 풍기는
금목서 너를
오랫동안 사랑하련다
한 번도 보지 못한 은목서도
어느 때 한번 만나 지려는지

시월의 마지막 밤

아무 일이 없는데
뭔가 부족한 맘
할 일도 없는데 일할 게 있는 듯

바람 한 점 붙잡고
무슨 말을 나누고 싶은데
할 말이 없네

뒤척이는 사람이
어둠 속의 휘둘림은
날 밝으면 잊힐 몽환의 한쪽

개꿈 어물어 눌어붙은 육신에는
주름만 점점 늘어가고

무심한 시간들
다시는 안 올 시월의 밤이
다정스레 깊어만 가네

이삭

햇빛과 바람이 골고루
스며든 가을
이삭들 모두 고개 숙이네

넉넉함으로 거두는 마음
풍요한 곳간엔
햇빛과 바람이 다시 와서
들여다본다

녹슬어 가지 말고
늘상 채워 가라고